AF119101

CON GRIN SU CONOCIMIENTOS VALEN MAS

- Publicamos su trabajo académico, tesis y tesina

- Su propio eBook y libro - en todos los comercios importantes del mundo

- Cada venta le sale rentable

Ahora suba en www.GRIN.com y publique gratis

Juan Carlos Velez

El Perú entero comprende lo que lee. Sueños de un educador

GRIN Publishing

Bibliographic information published by the German National Library:

The German National Library lists this publication in the National Bibliography; detailed bibliographic data are available on the Internet at http://dnb.dnb.de .

Imprint:

Copyright © 2014 GRIN Verlag GmbH
Print and binding: Books on Demand GmbH, Norderstedt Germany
ISBN: 978-3-656-85334-3

This book at GRIN:

http://www.grin.com/es/e-book/284822/el-peru-entero-comprende-lo-que-lee-suenos-de-un-educador

GRIN - Your knowledge has value

Since its foundation in 1998, GRIN has specialized in publishing academic texts by students, college teachers and other academics as e-book and printed book. The website www.grin.com is an ideal platform for presenting term papers, final papers, scientific essays, dissertations and specialist books.

Visit us on the internet:

http://www.grin.com/

http://www.facebook.com/grincom

http://www.twitter.com/grin_com

El Perú entero comprende lo que lee. Sueños de un educador.

Es la tarde del Miércoles 28 de Julio del 2021 (1). El presidente entrante, al medio día, terminó su mensaje a la nación. Las vivas y las hurras de las tribunas no dejan de sonar. Han habido muchos proyectos de ley del nuevo presidente y muchos logros alcanzados por el presidente saliente. Pero sin duda alguna, el último logro fue aplaudido en costa, sierra y selva, resonando como un tambor gigante que al unísono llenó de patriotismo el pecho que estaba henchido de emoción. Por fin, lo que soñaron nuestros próceres, nuestros pensadores, nuestros historiadores, nuestros viejos maestros ya es una realidad. Se informa al país que **"ya todos los peruanos entre los 6 y los 80 años, que tienen uso de razón, comprenden totalmente lo que leen"**.

Recuerdo que hace tan solo 8 años, en el 2013, cuando ocupábamos la triste estadística de ser los **últimos en comprensión de lectura** entre los 65 países según el Programa para la Evaluación Internacional de Estudiantes (2) y (3), sentí vergüenza. Maldije a los que nos colocaron en ese triste lugar. Los malos políticos y las malas autoridades y sus promesas falsas sonaban como un platillo, metal contra metal, en mis oídos. Veía que mis parientes más jóvenes, no comprendían lo que leían y eso me entristecía mucho. Decían en los periódicos que había un gran crecimiento económico, que habían muchas nuevas construcciones, que habíamos puesto hasta satélites orbitando el planeta, que ganábamos concursos de canto internacionales, que nuestras voleibolistas quedaban cuartas en el mundo, que esto y que aquello.

El boom de la construcción abría más y mejores centros comerciales en casi todas las ciudades. Pero también sentía mucha tristeza cuando un viejo amigo que se había ido del Perú en 1985 alejado por el flagelo del terrorismo, había vuelto ese 2013 y juntos leímos en el periódico esa casi humillante noticia, que nos puso la piel de gallina, que nos hizo sentir mentirosos, que nos hizo pensar que nada de lo alcanzado era real, si no lográbamos que los peruanos "comprendiesen lo que leían". Todo parecía un partido de póker, en una gran mesa redonda, con muchos apostadores y con el jugador que nos representaba, que era nuestro presidente. Y él apostaba su juego, con cartas sin ninguna figura, es decir lo que se conoce en el argot de los apostadores como "BLUFF". Al final de ese juego, los demás apostadores vieron las cartas de todos y Oh sorpresa, nuestro presidente no tenía ninguna carta de valor. Así me sentí cuando leí esa triste estadística. Pero al pasar estos 8 años y leer en el mismo periódico de aquel 2013, en su versión digital, aprovechando la nueva tecnología de los teléfonos inteligentes y de las tablets, que ya en este 2021 usan dispositivos de tipeado en forma de hologramas, me emocioné casi hasta las lágrimas, regocijándome que **todos mis paisanos que tienen uso de razón, comprendían perfectamente lo que leían.**

Mi padre, que murió en el 2005, me comentó lo triste que era el nivel educativo, sobre todo en nuestras serranías y en nuestros poblados selváticos más pobres. Ni siquiera nuestra pujante costa se salvaba de esa terrible realidad. Mi padre suspiraba y me comentaba su aspiración, que la educación mejorara en nuestra tierra inca. Ese anhelo de mi padre me torturaba como un yugo en el cuello y sentía dolor en mi pensamiento como educador. La gente, al no comprender lo que leía, no procesaba en su cabecita la información que recibía.

Era tan ajeno, era tan distante, era tan banal, que tuviéramos grandes escritores, incluso un premio Nobel de literatura, un gran compositor de música internacional, un gran cantante de ópera, un gran chef de reconocido prestigio, y muchos peruanos de buena voluntad, que hacían lo posible y lo imposible por hacer quedar bien el nombre del Perú. Sin embargo, era **casi una ofensa** que la mayoría de peruanos no comprendiesen lo que leían. ¿Acaso no era suficiente razón para sentir lástima por mis queridos paisanos del Perú?. ¿Acaso cualquier peruano bien nacido, no sentiría que los demás "nos pasaban por encima en el campo educativo", como un tren a toda velocidad sobre el riel del entendimiento?. ¿De qué servía que hubieran más edificios, más grandes almacenes, más universidades, más institutos, más escuelas, si la mayoría de gente **no comprendía lo que leía**?. Incluso los padres de familia confiaban en cualquier tipo de colegio, universidad o instituto para sus hijos, y no se daban el trabajo de analizar con más eficacia y con más testimonios, si los educadores eran personas calificadas o no y se dejaban influenciar sólo por la publicidad en los medios de comunicación, pensando que "a más color y más musicalización del comercial del lugar a educar a sus hijos, supuestamente era mejor". Si como fruto de sus estudios el alumno no comprendía lo que leía, jamás tomaría buenas decisiones en su vida familiar y laboral.

2

Los padres de familia estaban entusiasmados de poder costear una carrera a sus hijos, que mejor si salen "con un título universitario o un grado académico de algún instituto superior". Que mejor oportunidad para salir de la pobreza. Se sentían ciudadanos con derechos iguales pues sus hijos accederían a la universidad o al Instituto....Pero, si lo analizamos a profundidad, **¿sus hijos progresarían si no entendían lo que leían?**

Había sido indignante ver que **la mayoría** de los presidentes que habían usado la banda presidencial mintieron o por alguna razón no pudieron cumplir sus promesas para mejorar la educación peruana, pero las promesas quedaban en solo eso. . . promesas. Nadie se preocupó de ese tema a plena cabalidad... Los mejores esfuerzos de los ministros de educación, eran solamente para que leyeran y escribieran, es decir para tratar de erradicar el analfabetismo, pero casi nadie se preocupaba que comprendieran lo que leyeran. **Parecía** que ésto era a propósito. Era para justificar su forma de trabajar, o quizás tenían algún interés "oculto bajo la manga". Quizás así plasmarían una ganancia de votos, y cuanto menos reflexión y más ignorancia hubiera, más fácil tendrían el camino del triunfo electoral.

Recordé una vieja película del gran comediante mexicano Mario Moreno Cantinflas, en su película "El Profe", donde al pueblo lo tenían sumido en la ignorancia para que su "Cacique" y su Presidente municipal, se enriquecieran. De la misma forma en Perú, siempre se ganarían elecciones, sean locales, regionales y presidenciales. De pronto **algo ocurrió** entre el 2013 y el 2021. Algo supremo, algo magnánimo, algo casi mágico. Pareciera que el soplo divino hubiera inspirado a un nuevo candidato a presidente. Ese candidato, que luego fue presidente, cristalizó el gran deseo de mi padre. Utilizó lo humano y lo casi divino y logró imponer un nuevo estilo educativo.

Los viejos maestros, que no lograron que la gente comprendiera lo que leía, fueron reemplazados por nuevos maestros, con una mística distinta. Era forjar un nuevo tipo de educación en el Perú.

Pero **¿dónde estuvo el gran secreto para lograrlo?** Después de mucho analizar, vi todo claramente, como San Juan el apóstol vio a través de sus revelaciones, las profecías del apocalipsis. Aquí mi visión casi "San Juanística":

En dicha visión, mi país había cambiado su forma de pensar. Pero sobre todo nuestras autoridades gubernamentales lo habían hecho. El campo educativo era la "clave del verdadero desarrollo", más que las inversiones en grandes obras civiles e industriales y la inversión en armamento. Los verdaderos reemplazos de las "balas y bombas", eran nuestros nuevos ciudadanos, llenos de nueva información, llenos de un legado de datos con un valor incalculable y sobre todo con una mejor autoestima que podía hacerlos competitivos con cualquier ciudadano del mundo. No bastaba con que la gente lea y escriba. Ahora era mucho más importante comprender. De ningún modo se iba a tolerar tener "dirigentes mediocres en el Sector educativo", de esos que por politiquería absurda y nefasta, engañaban a la mayoría de los otros maestros, con promesas irreales y con amenazas permanentes a la estabilidad de los gobiernos. Y lo peor era que muchos de ellos, ni siquiera con las evaluaciones para concursar o permanecer en las plazas docentes, aprobaban sus exámenes. Habíamos visto pueblos enteros donde los maestros daban un triste espectáculo pues tenían notas desaprobatorias y muchos tenían la ridícula intención de "jalar a sus alumnos" pese a que ellos mismos no habían aprobado sus exámenes de evaluación.

En mi visión, esa época terminó. Atrás quedaron esas épocas de huelgas, muchas de ellas con sólo un afán de protagonismo, de acosos sexuales a los alumnos, de indiscriminadas peticiones de sobornos a los padres para que sus hijos "pasen al siguiente año o ciclo académico", etcétera. Esa época era "la de antes". Ahora había algo distinto. En mi visión, el nuevo maestro, era tan preocupado, que sin importar si le pagaban más, imponía su vocación más que su deseo económico. Ellos eligieron ser maestros. Nadie les impuso serlos. Si sólo hubieran querido ganar dinero, hubieran elegido otra profesión u oficio. Pero escogieron la más noble y sacrificada de las profesiones. El educar era formar. Educar era forjar gente del mañana.

Una vez más tuve la visión que una nueva era había llegado a mi Perú, que desde los Incas fueron una gran nación y cuya cultura luego de la conquista había declinado. Sin embargo esa mezcla de culturas entre lo hispano y lo incaico, no había resultado como el propio Dios hubiera querido. Faltaba algo más por imponerse. Casi quinientos años lo determinaron. Para el 2016, nuestro nuevo presidente, verdaderamente pensó cambiar la educación.

Le importó eso mucho más que todos los convenios nacionales e internacionales, con un propósito meramente económico. Mi país había ingresado a una especie de "tren del saber". Un tren cuyo maquinista (el primer mandatario) **era más educador que político**. Él quería ver un país verdaderamente grandioso. Un país que no solamente tenga cero analfabetos, sino que tenga cero personas que no comprendieran lo que leyeran. Había puesto su propia vida, su propio ser, su propia conciencia, su propio prestigio, pensó en los mejores, pensó en los mayores, pensó en los experimentados, pensó en los idealistas, pensó en los románticos. Pero de todo ello concibió una especie de menjunje ordenado. Un especie de jugo surtido, producto de licuar cientos de frutas, las mejores y más deliciosas frutas así como las más nutritivas y menos dañinas. Las que tenían cáscara con abundantes vitaminas y fibras, las que tenían jugosas pulpas, llenas de agua y de energía. Incluso las secas, productos de la experiencia y las más jugosas, con savia fresca y olorosa. Las había dulces, las había ácidas. Las había agrias y hasta amargas. Y la conjunción de esas frutas dio un sabor auténtico. Se había logrado un nuevo sabor: El sabor a "victoria educativa".

Esa visión me pareció grandiosa. Por fin, mis descendientes tendrían una educación distinta. Una educación sin tapujos ni tabúes. Una educación real. Una educación por todos, de todos y para todos. Un mestizaje educativo que daría un nuevo educando. Si los más niños comprendían, los más jóvenes también lo harían. Los universitarios y los estudiantes de institutos ya podrían comprender mejor lo que leían. Ya no pasarían la vergüenza frente a entrevistas y reportajes televisivos de decir que MIGUEL GRAU y FRANCISCO BOLOGNESI "eran simplemente" los nombres de dos plazas. Ya no pasarían la vergüenza de decir que dos más dos era tres. Ya no pasarían la vergüenza de escribir BURRO con V chica y VACA con B grande. Esta nueva educación estaba a la par con cualquiera del mundo desarrollado.

Era la educación deseada por todos mis ancestros y que nunca se podía alcanzar. Muchos lo intentaron. Muchos dieron toda su vida para tratar de lograrlo, pero faltaba algo más importante. **Faltaba la verdadera mística educativa**. Esa mística que solo se vio en educadores como el gran San Juan Bautista de La Salle, que teniendo una inmensa fortuna, la donó toda para dedicarla a educar a todas las clases sociales. Esa mística mitad humana y mitad divina, que tendía puentes entre la ignorancia y la sabiduría, entre lo incomprensible y lo entendible, entre el querer y el saber. Había llegado un nuevo estilo de educar: **Leer antes que memorizar y comprender antes que sólo leer**.

Más que la vieja "correa o chicote" estaba el "hacer entender", no a golpes, pero si con mucha reflexión y seriedad. No pensando en la vieja campana del colegio, esperando con ansias que suene para irse al recreo o a la salida. Era hora de educar *"de a verdad"*. Esa visión tenía un sonido a gloria. Era como si el mismísimo Padre celestial hubiera bajado de su reino a la tierra y con su magnánima misericordia y piedad, se hubiera preocupado que uno por uno, los peruanos comprendieran lo que leyeran. Y que al mirarnos con su infinito amor, los conocimientos fluyeran de un lado a otro, como un rio suave pero firme, como un manantial con agua limpia, como una catarata con aguas llenas de conocimientos.

La visión que tenía me indicaba una cosa importante. Ya no eran tiempos de políticas cortoplacistas, Ni tiempos de engaños. **Nuestro presidente tomaba muy en serio su misión de educar.** Desde el Cielo los grandes maestros miraban con ilusión su misión. Los viejos esquemas estaban por romperse. Un nuevo amanecer vislumbraba un nuevo Perú. Nunca más los peruanos serían engañados. Nunca más los peruanos serían forzados. Nunca más los peruanos serían víctimas de los abusos. **Ahora si comprendían lo que leían.** Ya no eran "adormecidos" por periódicos vulgares ni verían únicamente televisión basura. Ahora, como sabían comprender, podían leer más. Era un verdadero nuevo amanecer que había llegado con este 2021 de tanta expectativa, que asemejaba al novio, cuando espera a la novia en la puerta de su Iglesia, para que su unión sea bendecida.

Ya se fueron los tiempos de la mentira y de la dejadez. Se fueron los tiempos en que por ociosidad, muchos maestros calificaban a sus alumnos "por el número de páginas de las tareas que les mandaban". Ahora ocurría todo lo contrario. **Quien menos escribía y mostraba "el corazón de la idea", es decir el "zumo del conocimiento", en pequeñas dosis, como un perfume muy concentrado, pero con fragancia exquisita, era quien más nota tenía**. Una mezcla de sabiduría y de comprensión. De usar las neuronas no solamente para respirar y comer, sino para alimentar nuestra alma con conocimientos .

Un viejo pensamiento que alguna vez propagué decía **"El mejor MAESTRO no es aquel que enseña MAS, sino el que enseñando MENOS deja MAS huella en el alumno PARA SU BIEN"**. Era hora de cobrarme una vieja revancha que tuve en mi juventud cuando fui maestro universitario. Ese pensamiento lo apliqué cuando fui catedrático en mis primeros años como profesional. No fui bien entendido por muchos de mis colegas. Pero en mi visión, vislumbraba que había llegado el momento de la verdad. Había llegado el momento de la justicia legítima y oportuna. Era un acto de amor "químicamente puro", comprender que para ser maestro en cualquiera de los grados, años o ciclos, hay que tener verdadera vocación. Ser maestro permitía dar el más sublime de los amores sin esperar nada a cambio. Pero en el fondo, con esta visión, que los alumnos ya entendían lo que leían, había un pequeño "TUFITO de orgullo", de un orgullo bien entendido.

Había empezado una especie de "germinación". Una nueva "plantita" estaba brotando de la tierra. De esa tierra bendita llamada Perú. Era el momento esperado. Era el momento que nuestros padres, nuestros abuelos y toda su rama genealógica que los antecedieron, esperaron con ansias y con frustración. Había llegado por fin ese grandioso día en que todos los peruanos podían comprender bien lo que leían. Salvando las distancias en tiempo y en espacio, me sentía en mi visión, como los judíos se sintieron al ser liberados en tiempos del Faraón por Moisés. Las trompetas de Josué sonaban unas tras otras. El día de la "liberación" había llegado. Me sentí como un pequeño Moisés o como un minúsculo Josué, anunciando con bombos y platillos, que mi Perú dejó de ser subdesarrollado. **El entender lo que se lee, era el "gran primer paso"**. Lo demás, como lo diría el libro de los libros, vendría por añadidura.

Jamás pensé que tanto gozo, tanta exaltación, tanta promesa mencionada, pero jamás cumplida, podía volverse una realidad. Por fin se podía saborear el "dulce de nuestra educación". Por fin podíamos degustar el "saladito" de nuestra comprensión. Por fin probábamos el "amarguito" del entendimiento. Era como una fusión de nuestra comida peruana desde los tiempos incas hasta nuestros días. Habíamos descubierto el mejor de los potajes, el mejor de los manjares, el mejor de los sabores. Habíamos descubierto lo que no tiene precio. Lo que es el principio de la felicidad y justicia social. Era el tiempo de "comprender". Era el tiempo de "soñar".

Nada ni nadie nos lo quitaría. Sabíamos que podía ocurrir, pero nunca nos atrevimos. **Llegó "alguien" y cambió la historia.**

Recuerdo cuando niño, que uno de mis maestros me decía: "La hora es la hora. No es antes ni después". Ese gran maestro que me enseñó en la Secundaria, jamás pensó que esa hora llegaría. Que muchos años después, uno de sus alumnos vislumbrara el verdadero éxito de su nación. Educar es algo más que aprender a leer y escribir. Es algo más que sumar, restar, multiplicar y dividir. Educar es algo más que asimilar conocimientos de los institutos y de las universidades. Educar es entregar nuestro más precioso flujo. Como cuando engendramos y la llenamos de amor a la mujer que amamos. Ese flujo de conocimientos jamás puede ser al azar. Ese flujo de conocimientos es pujanza, es mérito, es resistencia, en una palabra es dedicación. **Insistir en que el alumno comprenda y no que se conforme con sólo memorizar.** Es que pueda discernir. Es que pueda dialogar. Es incluso que pueda cambiar y discrepar. Los grandes hombres lo han hecho. Pero son rarezas humanas. Por eso cambiaron al mundo. La historia así lo indica. Obviamente, el Estado debería preocuparse por mejorar sus condiciones de alimentación y transporte, tanto de maestros como de alumnos. Pero en el campo educativo, mucho de lo que se debía alcanzar pasaba por la **"decisión de los propios maestros y del propio gobierno de turno".**

Mi visión además me indicaba que mi Perú milenario ya encontró una buena tierra donde crecer. Si la tierra no está abonada, la semilla no crece o muere en su intento de sobrevivir. O las plagas debilitan la raíz y matan dicha planta. La nueva semilla de la nueva educación tiene algo distinto tanto en forma como en fondo. Es como la fusión más excelsa que existe. Siempre recuerdo que cuando se intenta mezclar el agua y el aceite, jamás se logra nada. Pero si se utilizan sustancias especiales para que la mezcla "se junte", el resultado es fabuloso. Lo que parecía imposible se había logrado. La visión está clara frente a mis ojos. **Mis paisanos ya comprenden lo que leen.** Que maravillosa lección para transmitirla. Ese tipo de noticias sí que vale la pena leerla en los diarios, escucharla en las radioemisoras y verlas en cualquier canal de televisión o en el propio internet.

El ser educado con este nuevo sistema, haría que nuestros hijos y los suyos hagan un mejor Perú. Atrás quedaron las épocas cuando los engañaban los malos políticos, que por ganar votos electoreros, les hacían creer que el pan era un metal y que el oro era una verdura. La confusión sólo favorecía al que tenía algún interés creado y guardado con malicia en el consciente o incluso en el subconsciente. Mucha agua ha corrido bajo el puente. Si esta visión me decía que la ignorancia había sido derrotada, supongo que fue como el perdón divino enviándonos al Redentor, para dejar atrás la tentación de Eva y Adán, al morder la manzana prohibida. Pero en el caso bíblico, lo prohibido era por designio divino. En cambio, **el no educar correctamente, era un cruel designio humano.** Era ver a los peruanos sumidos en la frustración, en la derrota moral, en la ignorancia.

Este nuevo peruano del 2021 ya olía a victoria. Olía a rosas. Olía a magnolias. Era una fragancia que se expandía "a rabiar" por los 4 puntos cardinales. Era el sabor de la EDUCACION VICTORIOSA. Ahora si mis paisanos comprenderían todo lo que leyeran y no se asustarían por ello. Abrirían nuevas industrias. Abrirían nuevos negocios. Nuevos centros comerciales y nuevas bibliotecas se impondrían a lo banal y a lo común. **Las personas ya no se conformarían con leer las tiras cómicas o las noticias de farándula de la prensa. Ahora sabrían que leyendo y comprendiendo lo que leen, tendrían muchas oportunidades que sus padres o abuelos no tuvieron, como ellas ahora las tienen.** Ahora no se aburrirían leyendo un buen libro y abrirían nuevos senderos que podían llevar a la prosperidad de sus familias y de familia en familia harían progresar a la nación.

Ese 2021 sonaba a Perú. Como una nueva canción de nuestra Chabuca Granda, que llenaría un poco más el puente "con aromas de mixturas que en su pecho llevaba". Así sonaba ese gran día. Feliz 28 para mis paisanos. Hoy me siento más orgulloso de ser peruano. Hoy miércoles 28 de Julio del 2021 mi país cumple 200 años de su independencia y cumple un día de ser "libre de la mala educación". Una verdadera victoria del hombre peruano. Todo tiene un propósito. Había que dar una plegaria al Altísimo, porque nuestro Presidente saliente lo entendió y apostó a ganador. No se dejó avasallar por los intereses poderosos. No se dejó amedrentar por los que querían a la gente en ignorancia. Él debía dejar ese legado a sus hijos y a los que vengan también. Y casi sin quererlo, había legado una nueva educación a todos los demás. Hermosa mañana ese 28 de Julio del 2021. Pese a ser invierno, el sol brilla en su esplendor. Lo que normalmente es día de lluvia, nos sorprendió a todos y hoy ha salido el sol. Hasta el verde de las hojas hoy día reverdece como en primavera.

El nuevo amanecer de la educación peruana llama a cada una de nuestras puertas. Penetra en cada uno de nuestros corazones. Nos llena de sangre. Nos llena de ganas de aprender. Los viejos grandes maestros ya no estarán decepcionados. Su gran Perú con alto nivel de cultura y conocimiento en todos los pueblos, ya es una realidad. **El primer paso fue la alfabetización. El segundo era la comprensión de lectura.** El que lee debe comprender. El que comprende está preparado para cambiar. Está preparado para confrontar. Está preparado para hilvanar. No basta saber leer. No basta con saber escribir. Ahora el comprender hace más fácil la vida. Ya no dejaremos a nuestros hijos un Perú triste. Ahora el Perú ha ingresado por la puerta grande a los países desarrollados. La semilla del bien ha sido esparcida por nuestro nuevo país. Que mejor regalo para nuestro bicentenario que cantarle su "cumpleaños feliz" y darle como obsequio, lo más sublime que es una educación real y "comprensible" para todos. Atrás quedaron las añoranzas y halagos de los que pensaban que ya habíamos llegado al tope. Ya sentía que habíamos llegado a una especie de "orgasmo mental" cuando de pronto. . . **me di cuenta que todo era un sueño.**

Nada había cambiado. Los mismos sistemas educativos seguían aquel miércoles 28 de Julio del 2021. Pasé momentos de confusión. Quería volver a mi sueño. **¡Pero si parecía real**¡… Parecía que había llegado a mi "paraíso educativo terrenal". Entonces, ¿Qué ocurrió? ¿Fue acaso el resultado de una mala digestión este triste despertar o quizás era tan fuerte mi anhelo, que logré llevarlo a mi yo interior y penetrar como un hipnotismo profundo?

¡Qué sé yo!

La verdad que me sentí traicionado por mí mismo. No podía comprender el porqué de mi sueño y sobre todo el porqué de mi frustrado despertar. Si mis descendientes veían este 28 de Julio del 2021 con ilusión, ¿Qué podía esperar de su comprensión de lectura, si casi ninguno de ellos entendía bien lo que leía?

La última vez que me ocurrió algo parecido fue hace muchos años, en 1998. Recuerdo que había soñado que estaba en una hermosa fiesta, donde mi madre (que falleció en 1997) bailaba muy alegre. Pensé que todos los momentos de tristeza de su ausencia de ese año eran una fea pesadilla. Y que alegría volver a disfrutar de su compañía y de repente... el zarpazo. Me desperté y vi que solo fue un hermoso sueño. Algo similar entonces me había ocurrido. Simplemente eso.

Me puse a reflexionar y me pregunté. ¿Por qué no puede ser realidad esa visión educativa del 2021? Traté de justificarme diciendo: seguro que algún día eso será una realidad, y pensé que tal vez yo no lo llegue a ver, pero si mis descendientes. Pero conforme pasaron las horas, me desperté de cuerpo y alma. Pude ver claramente, ¿que debía hacer yo para cambiar esa historia? .y sobre todo aconsejar a los que tienen "ojos y oídos" y tienen poder, sea político o económico. ¿Qué debían hacer los demás para hacer del 2021 un hermoso despertar en lo educativo?

Lo primero que se me ocurrió es decirle al Perú, ¡**BASTA DE OCIOSIDAD!**

Lo segundo fue decirle al Perú: **"Nuestros hijos merecen ser educados mejor que nosotros".** Educarlos mejor no significa comprarles la mejor computadora ni el mejor teléfono inteligente, lo principal es que "comprendan lo que leen". Ni la mejor computadora del mundo ni el mejor teléfono inteligente les enseñará a pensar. Eso depende mucho de los maestros que enseñan en colegios, institutos o universidades. Incluso los intentos de mejorar la comprensión y la educación por parte de entidades como el movimiento "ENSEÑA PERU" (4) aún son muy leves y se necesitan muchos más proyectos como éstos. Es como si estuviéramos con cáncer y como medicina nos dieran calmantes o remedios contra el cáncer pero sólo preliminares. **Es mucho más lo que se debe recibir y hacer.**

Lo tercero fue decirle al Perú: **Si lo que persiste, hace que nada cambie y que nada mejore, entonces cambiemos lo que persiste.** Los grandes hombres que cambiaron al mundo, desde tiempos inmemoriales, así lo han demostrado. Si no fuera por su persistencia, por su prudencia, por su paciencia y por su puntualidad, no hubieran logrado muchas de sus metas. Si me levanto a las 6 de la mañana para hacer algo y no me sale bien, y al día siguiente cambio mi hora de levantarme y lo hago a la 5 de la mañana y me resulta bien, entonces lo debo volver rutina, aunque me cueste sacrificio.

Si cada mujer, si cada hombre, si cada niño, si cada anciano, hace "su parte" y como las "partes hacen un todo", ese todo puede ser mejor que lo anterior. Por ello si todos cambiamos, la resultante también cambiará. Si cambian las familias, cambiará el barrio, cambiará el distrito, cambiará la ciudad, cambiará el país. Si hay menos egoísmo y menos politiquería barata, los educandos del Perú **recibirán más de los educadores**. ¿De qué sirve tener un delicioso pastel servido en la mesa, si dentro del mismo hay un insecto rastrero? ¿Acaso eso no nos dará asco?

Si vamos a una reunión y conocemos a una linda chica, ¿no sería muy triste descubrir que esa hermosa mujer es cínica, es farsante, es de una vida licenciosa, es ociosa, etcétera?. La raíz del problema es lo que debemos enfrentar. No basta con lo superficial, **Hay que llegar a dicha raíz si pretendemos un verdadero cambio.** Como diría un viejo pensamiento, "si la manzana de la cesta está podrida, y tienes hambre, entonces busca una manzana en el árbol y recógela. Ahí tendrás mejores frutos".

¿Acaso los médicos no indican que deben extirpar una pierna gangrenada, si deben preservar la vida? ¿Acaso no somos capaces de echar a la basura los huevos podridos de nuestro gallinero, si el olor característico nos lo indica? ¿Acaso si vemos un mal elemento en una reunión familiar que hace escándalo, embriagándose, faltándole el respeto a nuestras damas, golpeando a nuestros ancianos, robando nuestros bienes, no lo expulsamos de la reunión?. Eso se llama tener "agallas". Eso se llama tener sentido del deber y de la responsabilidad. Eso se llama "hacer lo correcto". Que nuestros valores se impongan. Que nuestros principios se impongan. No tengamos miedo. No seamos cobardes. Si somos autoridades "este es el momento para empezar".

Si así lo hacemos, en los próximos años podremos lograr ver ese nuevo amanecer de la educación peruana. Es cuestión de querer hacerlo. La mala semilla se retira. "Ningún sindicato ni amenazas de huelga, so pretexto de mejoras económicas, debe malograr la educación peruana en el siglo 21". Y si es necesario cortar de raíz y retirar a maestros inútiles y ociosos, hay que hacerlo por el bien de la educación peruana. El objetivo de mejorar la educación de todo un pueblo, debe ser siempre superior al de un solo individuo que no sirve como educador. De ninguna forma le **"debe temblar la mano a la autoridad del sector Educación para ese objetivo nacional, por más dura que sea su decisión".** El país entero y la historia se lo agradecerán tarde o temprano.

Un gran maestro que tuve en mi época universitaria me decía: **"Cuando uno es un buen profesional y mucho más cuando es un buen maestro o profesor, jamás necesita hacer huelga, pues los Jefes siempre reconocerán su labor. El pretexto de los mediocres es que siempre dicen: no reconocen mi trabajo. En el caso de los maestros peor aún".**

El mensaje de mi gran maestro fue: "conviértete en un gran ser humano educador y los demás te gratificarán". **Cuando uno "destaca intelectualmente y/o operativamente en cualquier trabajo, siempre se hará necesario e indispensable para dicho trabajo".** Por ahí se empieza. **Ese es el primer paso.**

El segundo paso es cambiar el Presupuesto del Estado para el Sector Educación. Es necesario QUINTUPLICAR o SEXTUPLICAR el actual presupuesto para dicho sector. A la par de crear o construir nuevas escuelas y/o Colegios bien implementados, se les debe imponer un estándar de calidad para que tengan una mejor eficiencia y efectividad, debiendo ser los encargados de fiscalizar dicha labor, los organismos intelectuales **apolíticos**, que actúen como árbitros de grandes juegos. Los más eficientes. Los más capaces, son los que deben fiscalizar. **De ninguna manera deben tener alguna tendencia política, sea de derecha, de centro o de izquierda, ni pertenecer a algún partido político, pues si responden a intereses partidarios, no serán IMPARCIALES o NEUTRALES al evaluar.**

Si somos exigentes con nuestros ciudadanos, debemos ser mucho más exigentes con nuestros educadores, y mucho más exigentes con nuestros evaluadores de maestros. **Ahí está la nueva semilla de la educación**. "A mejores maestros mejores alumnos ". Cambiemos esa historia. Hagamos del Perú un país de grandes maestros. Busquémoslos por todas partes. Si es preciso traigamos de afuera a grandes sabios para que eduquen a nuestros maestros. Vale la pena la inversión.

Benjamín Franklin decía: "Dime y lo olvido. Enséñame y lo recuerdo. Involúcrame y lo aprendo. (5). A eso le agregaría: "Lo leo y lo comprendo y lo que retenga en mi mente nunca más lo olvidaré". Un viejo político colombiano decía: "por la ignorancia se desciende a la servidumbre. Por la educación se asciende a la libertad". Alcancemos permanentemente esa libertad de pensamiento y comprensión lectora y nunca más seremos engañados por nadie.

Es la hora del cambio. No hagamos que esa visión, sea sólo una ilusión. El Perú puede y debe llegar al bicentenario con algo concreto. Basta de las mil promesas incumplidas de siempre. Nos toca a la civilidad y en particular a los ciudadanos comunes y corrientes, exigir otro estilo educativo. Un poeta estadounidense decía: "todo hombre que conozco es superior a mí en algún sentido. En ese sentido, aprendo de él." (6). Nada más sabio este pensamiento, pues el "comprender lo que otro dice", permite estar de acuerdo o discrepar. Ese es el fundamento de saber construir una nación próspera. Esa es la verdadera democracia.

Para llegar a ser un educador del bicentenario, hay que saber cómo llegar al más íntimo sentimiento del educando. Hay que calar en él y penetrar con nuestras ideas y conceptos hasta el mismo centro de su cerebro y así quedará fijado en el mismo centro de su corazón. No hay acto más sublime, **que dar lo que somos, por nuestro prójimo.** Así nos lo enseñaron en nuestra niñez.

La mayor de las dificultades para forjar y formar un educando en el 2021 es "encontrar por donde llegar a él". Si logramos encontrar ese "agujero del saber, habremos sembrado patria".

Una reflexión final. **Nunca hemos estado tan cerca de poder cambiar la educación peruana.** La tecnología, el internet, la fibra óptica, los teléfonos inteligentes, las redes sociales, etcétera pueden sernos muy útiles. Pese a que hay muchos detractores que indican que los artefactos y la modernidad tecnológica han traído muchos problemas a la humanidad, en realidad todo depende que ángulo utilicemos. Todo lo que se ha hecho para el bien, se puede usar para el mal y viceversa. Hasta una inocente pluma, puede ser usada para escribir una infamia. Un humilde pan, puede ser envenenado y matar un ser humano. Un vivificante vaso con agua, puede contaminarse con bacterias y enfermarnos. Un ladrillo que es la base para construir una casa donde cobijarnos, puede convertirse en un arma mortal. Lo más tierno puede convertirse en lo más atroz y lo que "parece agresivo" puede hacernos mucho bien.

La verdadera sabiduría de un educador, no está en llenar páginas tras páginas de conocimientos. Todo lo contrario, **la verdadera sabiduría de un educador, es lograr que con menos palabras, su alumno llegue a comprender mejor**. Esa debe ser la misión del educador y del organismo estatal de control educativo. Hacer educación para el bicentenario de la independencia del Perú es un duro reto. Pero ese reto puede ser verdad. Todo depende del gran Jefe de los Educadores Y ese Jefe, definitivamente debe ser el Jefe de Estado. La peor de las ignorancias es olvidarse de esa misión.

El bicentenario presenta al Perú en cambio de gobierno. Si el tiempo del que entre al poder en el 2016 es insuficiente, al menos que empiece con un cambio. Que empiece a demostrar con argumentos contundentes, que **el gran secreto para que la gente comprenda lo que lee, es que desde niños hay que escribir mucho menos, y resumir mucho más.** De esa forma la idea central quedará expuesta y no se llenarán de cientos y cientos de páginas, para decir lo mismo que en pocas páginas con lo fundamental.

Los peruanos tenemos derecho a progresar. Los hijos del mañana se deben sembrar hoy. Cuando estemos ad portas de la muerte, debemos hacer un último acto evaluando nuestra vida y decir antes de nuestro encuentro con nuestro Creador, ¿Qué hice yo para cambiar la educación de mi país? ¿Fui un elemento perturbador para holgazanear o quizás fui la semilla necesaria para llamar a la reflexión y mejorar? Si la respuesta es que "actué para cambiar para bien", la siguiente pregunta es ¿Qué me faltó hacer? Si la respuesta es que me faltó más acción y menos palabras, tendré toda la eternidad para lamentarlo. Si pudimos hacer algo para cambiar la educación y no lo hicimos, la historia de nuestro Perú nos juzgará. **Si pudimos hacer que cada educando haya comprendido lo que leyó, habremos tenido una gran misión en nuestro paso terrenal.** Y cada generación que venga, cuando analice la historia de nuestro país, se preguntará ¿Quién cambió la educación y la hizo grande en el bicentenario?, muchas fuentes de información dirán, **fue el "maestro desconocido".** Aquel que no pedía nada a cambio. Aquel que tuvo como noble misión entregar su vida y su cerebro, para que los otros cerebros piensen mejor y comprendan mejor. Supongo, que al cruzar la línea de la vida, ese solo acto estará con un peso específico muy alto para compensar nuestros terrenales pecados. Como diría mi padre: "aún queda mucho por hacer, pero si no empezamos por el principio, no sabremos lo que es avanzar".

Sólo el tiempo y la voluntad decidirá si cruzamos el umbral del bicentenario con mejores maestros y alumnos y si hicimos del Perú, un país con ganas de aprender, con ganas de educar, con ganas de saber y el resto de países dirán de nosotros **"el que tuvo las agallas de cambiar la educación de ese país lo hizo grandioso. Lo hizo envidiable. Lo hizo justiciero y sobre todo lo hizo culto".**

Espero muy sinceramente, que este humilde aporte llegue a las personas correctas y con ganas de cambiar y mejorar la educación en nuestra querida patria, pues ha sido elaborado con el mejor de los deseos y con el mejor de los sentimientos, tratando de usar la propia experiencia de vida al servicio de nuestros niños y jóvenes. Al escribir este ensayo tengo 52 años y algo de experiencia al servicio de la sociedad, y en particular al servicio de la buena educación de las nuevas generaciones. Ellos son el presente y el futuro. Ellos tendrán puestos claves y gobernarán nuestro país algún día. Si ellos comprenden lo que leen, tomarán mejores decisiones y cuando seamos muy ancianos, en el epílogo de nuestra existencia humana, podremos decir al cerrar por última vez nuestros ojos ..."Dejo en buenas manos a mi nación. HE CUMPLIDO CON MI MISION". AMEN.

Bibliográfía:

(1) http://www.calendario-365.es/calendario-2021.html

(2)http://elcomercio.pe/lima/sucesos/peru-ocupa-ultimo-lugar-comprension-lectora-matematica-ciencia-noticia-1667802

(3)http://elcomercio.pe/lima/sucesos/ministro-educacion-necesitamos-cambios-dramaticos-sistema-educativo-noticia-1667823

(4) http://ensenaperu.org/

(5)http://www.proverbia.net/citastema.asp?tematica=204

(6)http://www.proverbia.net/citastema.asp?tematica=204&page=3

AUTOR : Juan Carlos Vélez
Fundador de CEATECI
CEATECI
Venta MUNDIAL de cursos ebook técnicos productivos para hacer negocios con poca inversión
Página web :   http://www.ceateci.net